AF202365

Motschi von Richthofen

Friedliche Solidarität
für die Freiheit

Gedichte in deutscher und englischer Sprache
Politisch und gesellschaftlich motiviert

Zeichnungen von Cat20

Verlag und Druck:
tredition GmbH
Halenreie 42
22359 Hamburg
tredition GmbH
1. Auflage 2021

Paperback: 978-3-347-29761-6
Hardcover: 978-3-347-29762-3
Ebook: 978-3-347-29763-0

„Eine repräsentative Demokratie kann nicht bestehen, wenn ein großer Teil der Wähler auf der öffentlichen Gehaltsliste steht. Wenn die Parlamentarier sich nicht mehr als Treuhänder der Steuerzahler ansehen, sondern als Vertreter der Empfänger von Gehältern, Löhnen, Subventionen, Arbeitslosenunterstützung und anderen Wohltaten aus dem Steuertopf, dann ist es um die Demokratie geschehen."
Ludwig von Mises österreichischer Wirtschafts-
wissenschaftler

„Wer Sicherheit der Freiheit vorzieht, bleibt zu Recht ein Sklave."
Aristoteles griechischer Philosoph

Wer die Freiheit aufgibt um Sicherheit zu gewinnen, der wird am Ende beides verlieren."
Benjamin Franklin

Leben ist nicht genug, sagte der Schmetterling. Sonnenschein, Freiheit und eine kleine Blume gehören auch dazu."
Hans Christian Andersen

„Die Freiheit des Menschen liegt nicht darin, dass er tun kann, was er will, sondern, dass er nicht tun muss, was er nicht will."
Jean-Jacques Rousseau

Journalismus

Diese Profession
hat die Mission
gesellschaftlich relevante Information
aufzuzeigen und zu berichten
ohne zu richten
und etwas dazu zu dichten
sondern so objektiv wie möglich
die Wahrheit so offensichtlich
mit jedem Federstrich
der Öffentlichkeit aufzuzeigen
und mit integren Geigen
nichts zu verschweigen.

Der Journalist hat natürlich seine Sicht,
die stört auch nicht
und hat großes Gewicht,
doch ist sie immer auch objektiv
und berichtet exklusiv
und nie destruktiv,
denn dieser Beruf ist wichtig
und alles andere als nichtig
darum möglichst aufrichtig
Er ist die vierte Gewalt
in beschreibender Gestalt
mit wertvollem Inhalt.

Verantwortung der besonderen Art
In der Gegenwart

Zeckenalarm

Wir haben neue Covid-Zecken
Die kommen gerade aus allen Ecken
Besonders oft bei den Politikern
und selten bei Corona Kritikern

Sie beißen sich fest und saugen den Mut
So überwiegt die Angst im Blut
Und mit den altbekannten Mediengestalter
Drehen sie am Meinungsschalten

Diese kleinen Parasiten muss man nur rausdrehen
Der Kopf muss unbedingt mit raus gehen
Und dann einfach ins Klo oder verbrennen
Und in die Freiheit und Liebe zu rennen

So Invasionen müssen wir besser abwenden
Und auch schneller beenden
Denn sie ziehen ja viel unnötige Kraft
Gegen die positive Gemeinschaft

Drum Alarm Alarm
Du Menschenschwarm
Befreie dich schnell
Aus dem Destruktionsmodell

Welcome towards insanity

Willkommen in der Absurdität
der neuen Normalität
Menschen verschränken
Ihr eigenes Denken
Und nehmen sich die Luft
Und wer ist der Schuft
Die Regierung und die Medien
Macht alles zwar keinen Sinn
Aber man macht es halt
Aus dem Hinterhalt

Utopia

Es kommt zu einer neuen Weltsicht
Überall bei jeder Schicht,
Hautfarbe ist auch egal
Abgrenzung nur ne Qual

Wir sind offen und aktiv
Wir leben in dem Kollektiv

Es kommt zu einer neuen Gesellschaft
Die ein miteinander schafft
Wo alt und jung leben
Und nach Erfüllung streben

Wir sind tolerant und liberal
Wir sind absolut wertneutral

Es kommt zu einem neuen Verständnis
Einem gegenseitigen Religionsgeständnis
Wo jeder den anderen betrachtet
Und jeden den Glauben achtet

Wir sind vielschichtig und anders
Wir sind alle besonders

Es kommt zu einer neuen Regierung
Eine andere Konzeptionierung
Die politisch vom Volk bestimmt
Das Zepter in die Hand nimmt

Wir sind kreativ und gestalterisch
Wir sind total schöpferisch

Es kommt zu einer neuen Bildungskultur
Eine auf Stärken basierte Struktur
Die Kinder animiert zum Lernen
Und sich gegenseitig anspornen

Wir sind analytisch und unkonventionell
Wir sind empathisch und geben schnell

Es kommt zu einer neuen Epoche
Sie wird immer stärker jede Woche
lässt Angst verschwinden und gibt Mut
und tut den Menschen richtig gut.

Wir sind geschäftig und unverdrossen
Wir sind für alles aufgeschlossen

Es kommt zu einer neuen Historiografie
Ausgelöst durch eine Pandemie
Sie hat die Menschen aufgeweckt
Und viel Neues wurde entdeckt

Wir sind erfinderisch und reich
Wir sind genial und ideenreich

Es kommt zu einem neuen Verstehen
im liebevollen miteinander Umgehen
wo jeder Mensch gleich viel zählt
und selbst entscheidend wählt

Wir sind einzigartige Wesen
Wir können im Herzen lesen

Eine neue Gesellschaft ist im Werden
Wundersam hier auf Erden

Bayern in Aufruhr

Wenn ich an Bayern denke in der Nacht,
so bin ich um den Schlaf gebracht
Söder der Mephisto Star
Er ist ja auch abwählbar
Denn wenn jemand Kindern schadet
bleibt nicht unbeschadet
Da das Karma Zeit nicht kennt
aber Verbrechen beim Namen nennt.
Und das KVR und seine Leute
sind im hier und jetzt im Heute
Genauso verantwortlich für ihr Handeln
und müssen sich wohl manchmal wandeln
und für das Leben einstehen
um kein Verbrechen zu begehen
Jedes einzelne Rad im Getriebe
ist ein Sender der Liebe
und muss voller Mut
Es ist gerade sehr akut
gegen das Böse aufbegehren
und Schlimmeres abzuwehren
Wie kann es sein, dass Schulkinder

als zukünftige Generationenverbinder
alleine hinter der Schulbank
es macht sie krank
Masken ertragen
und dies beklagen
Denn Lernen mit Atemnot
ist schier der Tod
Drum ist jeder Einzelne wichtig
und Widerstand ist richtig
Unsere Augen müssen sehen
und neben dem Verstehen
auch immer agieren
und Gutes kreieren
Angst hat hier keinen Platz
in der Freiheit liegt der Schatz
So möge sich jeder aktivieren
und tausendfach agieren

Reisen mit der Coroneua

Reisepass wird zum Impfpass
Ja es ist schon krass
Es gibt kaum einen der das will,
aber immer noch sind die Menschen still

Ist nur ne Frage der Zeit
Bis die Menschheit
ihre Freiheit erhält
In dieser wundervollen Welt

Die absolute Wahrheit über Corona
„Glücklich, wer, was er liebt, tapfer zu verteidigen wagt." Ovid

Covid ist Krieg
Covid ist ein Virus
Covid ist eine Schimäre
Covid ist der Irrsinn

Covid spaltet Menschen
Covid will Macht haben
Covid zerstört das Mitgefühl
Covid produziert Angst
Covid beeinflusst die Massen
Covid hasst Liebe
Covid verachtet Mut
Covid unterstützt die Armut
Covid tötet Kreativität
Covid verstellt die Sicht
Covid verängstigt Kinder
Covid nimmt die Luft

Covid ist gegen das Leben
Covid ist gegen das Herz
Covid ist gegen den Verstand
Covid ist gegen die Freude

DER FREIHEITSGEDANKE
„COVID NEIN DANKE"

UN-Konvention Kinderverbrechen

Verbrechen an den Kindern
Körperverletzung an den Kindern
Seelische Verletzung an den Kindern

Die Regierung 2020 und 2021 auf der ganzen Welt
Bis auch einige Ausnahmen
Wird sich dafür verantworten müssen

Und alle die da mitgemacht haben
Müssen schon in diesem Leben
Ihren Tribut dafür geben.

Divoc der Gestalter

„Es kann niemand ethisch verantwortungsvoll leben, der nur an sich denkt und alles seinem persönlichen Vorteil unterstellt. Du musst für den anderen leben, wenn du für dich selbst leben willst." Seneca

Divoc ist Frieden
Divoc ist in uns
Divoc ist das Ideal
Divoc ist der Sinn

Divoc vereint Menschen
Divoc will geben
Divoc erschafft das Mitgefühl
Divoc produziert Mut
Divoc öffnet die Massen
Divoc hasst Eindimensionalität
Divoc verachtet Armleutertum
Divoc unterstützt den Reichtum
Divoc tötet Hass
Divoc erstellt die Sicht
Divoc unterstützt Kinder
Divoc gibt Luft
Divoc heißt würdevoll handeln

Divoc ist für das Leben
Divoc ist für das Herz
Divoc ist für den Verstand
Divoc ist für die Freude

DER FREIHEITSGEDANKE -„DIR DIVOC DANKE"

Unsere Aufgaben

Sinnperspektive
fördert das Kreative
Ziele sich setzen
die Stärken vernetzen
Ideen formieren
Gaben erkennen
Neue Wege benennen
Erschaffen und gestalten
Mit Achtsamkeit walten
Auf auf auf wir traben
und sehe unsere Gaben
öffne die Tür ein Stück
zu meinem Glück
und indem ich gebe
Freude und Liebe verwebe
verändere ich die Stunde
mit jeder Sekunde
Denn jeder Traum
Pflanzt einen Baum
der Früchte trägt
und Maßstäbe legt
Freude am Lachen
und Aktionen machen

Der totalitäre Staat in Deutschland

Freude haben
Sich daran laben
Kindern Raum schenken
Zum Guten lenken

Herzensbildung
Vergebung
Kraft geben
Einfach leben

Unser Staat
Des Teufels Saat
Gerade zum Mond schießen
Und das Leben wieder genießen.

An den Harmonist

Die 50iger sind die Besten
Im Norden Osten, Süden und Westen
Da lacht das Herz als Symphonie
Und schwebt in seiner Harmonie

Du bist immer der Unterstützer
und überall ein Herzensschützer
möchtest die Menschen verweben
und ihnen Liebevolles geben

Jetzt 2020 bist du im Widerstand
Mit Mut und Freude in der Hand
Willst eine freie Welt mitgestalten
Und wahre Demokratie hochhalten

Hochleben heisst die Devise
Raus aus der Diktaturkrise
Und dich hochleben lassen
glücklich und ausgelassen

Wish I could say what I love
To count all the ways of love
All those beautiful impressions
All those beautiful sessions

The fourth human revolution

We humans love each other
and respect one another
We are one world of attentiveness
and we will find happiness
As we are all related to do good
in our sister and brotherhood
And each single government
Has just one empowerment
Supported by us inhabitants
We are not only stupid ants
We got the power of mindfulness
and have all a watchful dress
Our hearts are full of loving visions
and we all got thoughtful missions
Love, beauty and respect
This is our prospect
We will always win
Here and there a sin,
but we humbly embrace life
For this we all strife
Our world is powerful
And of course, beautiful

Our own mindful state
Is right now at stake
But we are positive generations
and will stand up for our creations
Based on our understandings
and all our ideas and findings

As we see not only with our mindsets
But with our hearts likely the sunsets

Whoever wants to threaten this concept
will have to realize and accept,
that we are many and get back our merriment
with freedom and peace in our hand
And will have leave their cage
We are not afraid and got courage
Therefore, we will fight for humanity
and for a wonderful community.

The nature wants creatures
with thousands of features
Designing a wonderful environment
With the sense of accomplishment.

We are billions of souls full of diversity
Full of love and generosity

This is our strength and greatness
and we will attain success.

Alte Menschen mussten alleine sterben
und durften nicht mehr selbst entscheiden.
Grausamkeit par excellence.

Weihnachten 2020

Dieses Jahr war eine Idiotie
Durch eine Pandemie
Die gleich einer Grippewelle
Auf die Schnelle

Menschen in die Angst getrieben
Mit den Medienhieben
Doch das Gute wird obsiegen
Und seinen Raum kriegen

Denn die Liebe ist die Macht
Und gewinnt jede Schlacht

Genießen wir diese Weihnachtszeit
Umhüllen uns mit dem Freudenkleid
Schenken unseren Liebsten Mut
und leben warmer Gleichmut

Singen wir das Lied der Lieder
Gebettet im friedvollen Gefieder
Und gestalten das Jetzt mit Licht
Denn das Positive hat Gewicht

Wundervolle Weihnachten euch allen
in den universal-göttlichen Hallen
Fantastisches ist im Entstehen
Lasst es alle SEHEN

Merry Christmas

Kurz und schmerzlos

Kurz und schmerzlos
Die Angst ist groß
Und macht sich in die Hos

Kurz und schmerzlos
was haben mache bloß
sind die so hoffnungslos

Kurz und schmerzlos
Ganz schnell und schmerzlos
Einen kleinen Wahrheitsstoß

Es ist ein Scherz
im Wolfsnerz

Mimik

Eine faszinierende Region in unserem Gehirn,
das Emotionszentrum.
Es arbeitet schneller als jedes Universum
und sendet unmittelbar Signale
an unsere Gesichtsmuskulatur,
dort ist die wahrhaftige Zensur.

Unser Gesichtsausdruck kann die Antwort geben,
noch bevor wir auch nur einen Ton sagen.
das ist Mikroexpression zum Hinterfragen

Transhumanismus versus Humanität

Roboter ohne Emotionen
Ohne eigene Positionen
Ohne Kreativität
Und ohne Humanität

Kreaturen ohne Leben
Ohne liebevolles Geben
Ohne herzliches Lachen
Und ohne positives Machen

Künstlich ohne Intelligenz
Ohne metaphysische Transzendenz
Ohne Wahrhaftigkeit
Ohne wirkliche Freiheit

Menschen mit Herzensbildung
Mit klarer Beobachtung
Mit Forschergeist
Und mit Pioniergeist

Wesen mit Schaffenskraft
Mit gestalterischer Meisterschaft
Mit liebevollem Verständnis
Und mit individuellem Erfolgserlebnis

Einzelne mit Seelensubstanz
Mit innerem Glanz
Mit universalen Fähigkeiten
Und mit wundervollen Möglichkeiten

Building Back Better

Why to build back
We just change the track
And generate a new way
On which we gonna stay

We build on what we got
Love and happiness we spot
We create another society
With richness and variety

We grow and learn through mistakes
And whatever it takes
We will find the right trace
To build up a beautiful place

Building back is just destruction
And contra-productive to creation
So we will organize and build up
A new world like an innovative start-up

Eine verrückte Zeit

Wir schreiben eine verrückte Zeit
Völlig sinnbefreit
Eine Zeit voller Diktatur
Von Vernunft keine Spur

Eine Epoche der kontra Produktivität
Und wider der Humanität
In der das menschliche Gehirn
Der Liebe hält die Stirn

Einer Gegebenheit
Die nur noch schreit
Wo ist die Menschlichkeit geblieben
Und das Sein zu lieben

Oh je was ist geschehen
Wo ist das wahre Sehen
Wo ist unsere Spezies geblieben
Und das Wahrheitssieben

Oh je wo ist unsere Natur
Von ihr ist keine Spur
Sie hört sich selbst nicht
Und ist mit sich selbst nicht im Gericht

Oh je ich will Menschlichkeit
Hier fehlt es so weit
Sie ist begraben tief
Wohin sie wohl nun lief

Hallo hallt es im Wald
Und kommt zur neuen Gestalt
Denn wir sind ohne Schmerzen
Und fühlen mit dem Herzen

Hallo wacht auf und seht
Wohin die Reise geht
Wir sind Lebewesen
Die im Sein genesen

Hallo wir sind emotional
Und einfach genial
Jeder einzelne ein Bild,
das es zu retten gilt

Wir werden siegen
Im lieblosen Kriegen
Und die Ritter sein
Im Liebessein

Breaking News

Der Virus ist hängen geblieben
und wurde nicht vertrieben.
Der Deutsche Virus im Land
hat die Intelligenz aberkannt.
Die grausame Pandemie weltweit
ist eine Lüge, die zum Himmel schreit.
Das weiß doch jedes Kind
aber viele sind noch blind.
Viele machen sogar mit
bei diesem Wahnsinnsritt.

dieBasis

Eine neue Partei hat sich geschaffen
In der Hand die Herzenswaffen
um mit den Bürgern zu gestalten
und in mit Achtsamkeit zu walten

Eine neue Partei ist entstanden
und hat die Freiheit verstanden
den wir alle Menschen sind wichtig
und so wundervoll vielschichtig

Eine neue Partei hat sich etabliert
und ist als Schwarm ganz couragiert
denn wir alle formen unsere Welt
unter diesem schönen Himmelszelt

Eine neue Partei wird jetzt aufgebaut
wo jeder sich gegenseitig vertraut
und Macht nicht ausgenützt werden kann
denn wir alle fahren mit dem Wahrheitsgespann

Deutschland wird von uns alle regiert
und von uns allen inspiriert
Wir sind alle ein Teil von unserem Land
und haben die Gestaltung in der Hand

Wir müssen schützen

Wir müssen uns schützen
Vor einer Regierung mit Machtmützen
Wir müssen die Presse
Abschaffen wegen Propagandainteresse
Wir müssen achten unsere Alten
Indem wir bedacht schalten und walten
Wir müssen kreieren
Und unseren Kindern eine schöne Zukunft generieren
Wir müssen uns stärken
Mit ehernen und guten Werken
Wir müssen uns gut ernähren
Und damit das Immunsystem nähren
Wir müssen uns austauschen
Indem wir dem Anderen lauschen
Wir müssen sehen
Und die Wahrhaftigkeit verstehen
Wir müssen begreifen
Damit wir Ehrenlosigkeit abstreifen
Wir müssen aufwachen
Um wieder miteinander zu lachen
Wir müssen achtgeben
Auf unserer Nächsten Leben
Wir müssen aufdecken
Bevor noch viele mehr verrecken
Wir müssen bewegen
Und neue grandiose Standards legen

Die Geschwister Scholl zum Todestag

Sophie und Hans Scholl
Waren ganz toll
Denn sie sind aufgestanden
Weil sie fanden
Das Regime in dem sie waren
Mit den SS Scharen
Unmenschlich und destruktiv
Aber sie ganz aktiv
Haben Flugblätter der Freiheit
Für die Wahrhaftigkeit
Die Uni runterfliegen lassen
In den Münchner Gassen
Dafür mussten sie bezahlen
Und starben mit Qualen
Denn Freisler der grausame Richter
War kein ehrbarer Schlichter
Sondern ein Zeichen der Barmherzlosigkeit
Die zum Himmel schreit
Gesetzt und sie zum Tode verurteilt
Und Körper vom Kopf abgeteilt
So stehen wir an diesem historischen Ort
Und rufen hinfort
Mit all den ehrenlosen Gestalten
Die hier unmenschlich walten
Denn die Gedanken sind frei
Und in welcher Zeit auch immer ganz einerlei
Wir können die Wahrheit erraten
Und sehen die schrecklichen Taten
Chinas Diktatur wollen wir nicht haben

Sondern uns an der Freiheit laben
Wir erkennen gerade faschistische Züge
Aufgebaut auf der Coronalüge
Ihr seid uns Vorbild für den Widerstand
Mit der Liebe in der Hand
Drum Danke euch vom ganzen Herzen
Für euer Sein und euren Schmerzen
Menschen wie euch muss es immer wieder geben
Für ein wundervolles Leben

Die Masquerade

Masken werden uns aufgezwungen
Wir tragen sie notgedrungen
Besonders für Kinder ein Verbrechen
Man will den Willen brechen
Und uns den Atem rauben
Gleich wie Daumenschrauben
Es gleicht einer seelischen Schlacht
Und eine Regierung die so was macht
Erfüllt nicht mehr ihren Zweck
Und muss ganz schnell weg

Ein Grauen Weltweit
Über die Menschheit

So unglaublich schade
Diese Masquerade

Mein Herz mir schier zerreisst
Wo bist du liebender Geist

Küsse die Menschen wach
Zeig es ihnen und lach

Das Leben ist so wundervoll
Genial und einfach toll

Verbrenne die Masken mit der Achtsamkeit
Und geben ihnen wieder ihre Freiheit

Gitter im Hirn

So mancher blickt es nicht
diese Corona Gschicht
Die Angst sitzt in den Knochen
und der Mut hat sich verkrochen.

Ein neuer Virus erobert die Welt

Ein neuer Virus ist ausgebrochen
Er ist aus seiner Höhle gekrochen
Hat sich seiner Schatten gestellt
Und erobert gerade die Welt

Zuerst hat er nur einige infiziert
Und die Liebe in ihnen produziert
Doch ist er unaufhaltsam schnell
Und generiert ein neues Lebensmodell

Er zerstört die Zellen der Macht
Und ist der Ritter in voller Pracht
Mit der Rüstung der Lebensenergie
Und dem Schwert der Zukunftsstrategie

Die Pandemie der Menschlichkeit
Sie ist voll aktiv weltweit
Selbst in Herzen aus Stein
Fällt sie unerbittlich ein

Niemand kann sich dem erwehren
Es muss sich geradezu stet vermehren
Denn hier ist Mut, Freude und Glück
Und gibt den Menschen ihr Leben zurück

A new virus conquers the world

A new virus spreads around
He is the new turnaround
And is infecting everybody
There is almost nobody
Who can resist this infection
And this beautiful perception

He gets into every cell and mind
And all those people who were blind
Are able to see again with their heard
And it is getting a new state of the art
In which happiness and well being
Creates a positive and great believing

In the beginning it was really difficult
But love and forgiveness is the result
And this new life is without fear
The freedom of mankind is near
As love will always win
Knowing every soul's pin

We just have to say
The Great FREESET is on its way

Jeden Tag lerne ich mehr

Jeden Tag lerne ich mehr
Von den Wundern dieser Welt
Die uns alle zusammen hält

Jeden Tag lerne ich mehr
Von der grandiosen Natur
Die uns weist die wahrhaftige Spur

Jeden Tag lerne ich mehr
Von der menschlichen Unendlichkeit
Und der wirklichen Menschlichkeit

Jeden Tag lerne ich mehr
Von der Zukunft der Technologie
Und der zeitlosen Harmonie

Jeden Tag lerne ich mehr
Von der fantastischen Kreativität
Und der liebevollen Humanität

Jeden Tag lerne ich mehr
Von den kulturellen Unterschieden
Und den unentwegten Ideenschmieden

Jeden Tag lerne ich mehr
Über mich und dich
Ewiglich

Anwälte für Aufklärung

2020 stehen Anwälte für die Grundgesetze und
Wahrhaftigkeit auf

Anwalt zu sein
Ist momentan fantastisch
Denn man steht für die Wahrheit ein

Anwalt zu sein
Hat das Leben der Menschheit
In seinem Fokus und als Werteschein

Anwalt zu sein
Heißt für das Gute zu Kämpfen
Mit all seinem ehrenwerten Sein

Anwalt zu sein
Verkörpert die Gerechtigkeit
und ist des Guten ein Stelldichein

Anwalt zu sein
Zeigt das Recht in seiner vollen Pracht
Und ist wie der Diamant ein Edelstein

Anwalt zu sein
Birgt Wahrhaftigkeit in sich
So unendlich brillant und fein

Anwalt zu sein
Können wir gerade mit Gandhi vergleichen
Der als Anwalt einstand für das Menschsein

Uns Anwälten wurde Großes gegeben
Um für unser wundervolles Leben
Alle Register zu ziehen

So kämpfen wir für unsere Freiheit
Mit den Paragraphen der Ehrenhaftigkeit
Und werden siegen

Der Mittelstand

Der Mittelstand der Mittelstand
Hat es jetzt in der Hand

Richter und Henker

Die heutigen Staatslenker
Sind des Volkes Henker
Wie Empathie lose Ferkel
Und stark geschlagene Köder
Setzen die das Land in Schrecken
Wie so unliebsame Zecken
Und die Medien unterstützen
Mit ihren Propagandamützen
Grausamkeit die sie selbst erlebt
Versprühen sie dass die Erde bebt
Armselig diese Affen
Die viele andere dahinraffen
Was ist diesen Kreaturen wohl geschehen
Dass die die Menschlichkeit nicht sehen
Und einfach weiter machen
Es ist nicht mehr zum Lachen
Wo ist denn euer Herz geblieben
Und die Fähigkeit zu lieben
Bedauerlich ich muss schon sagen
Wir müssen euch leider verjagen
Denn wenn jemand gegen sein Volk agiert
Und nur Angst und Schrecken produziert
Der muss gehen und verschwinden
um sich selbst zu finden

Corona hat Tote gefordert

Corona hat viele Tote gefordert
Und zum Selbstmord beordert
Denn wenn jemand der schon depressiv
In sich selbst geradezu destruktiiv
Das Leben für sehr schwierig erachtet
Und sein eigens Sein kaum mehr achtet
Der konnte einen Lockdown nicht ertragen
Und musste geradezu verzagen
Solch verzweifelten Seelen brauchen
Sicherheit, um nicht einzutauchen
In die grenzenlose Hoffnungslosigkeit
Wo das Herz nur noch schreit
Da können auch die Liebsten nichts retten
Und die politischen Marionetten,
haben einen Tod mehr auf ihrem Gewissen
wieder wurde einer aus dem Leben gerissen.

An die Bundeswehr

Ihr seid die Helden der Nation
Und habt unser aller Freiheit als Mission

Manchmal müsst ihr in den Krieg
Und bringt den rechtschaffenen Sieg

Auf die Verfassung habt ihr geschworen
Mit allen rechtlichen Faktoren

Ihr lebt Wahrhaftigkeit und Loyalität
In all seiner Komplexität

Der freie Gehorsam für das Ehrbare
Für das Richtige und Wahre

Mit Bescheidenheit geben
Und sei es auch das Leben

Ihr verteidigt uns Bürger
Gegen alle Freiheitswürger

Für das ehrenwerte Bewusstsein
Mit all eurer Kraft und all eurem Sein

Mit eurer Kameradschaft
Seid ihr die positive Kraft

Ihr seid für das Gute auf Reisen
Mit militärischen Vorgehensweisen

Mit, einer für alle, alle für einen
Steht ihr auf standhaften Beinen

Wie die Musketiere in Deutschland
Schützt ihr das Volk mit kraftvoller Hand

Eurem Vaterland dienen
Ruhm und Ehre sich verdienen

Der Verantwortung gerecht werden
In allererster Reihe, hier auf Erden

Direkt in die Augen blicken
Sich gegenseitig freihalten den Rücken

Auch in schwierigen Zeiten
Seid ihr für das Recht die Einheiten

Wie ein Ehrenmann
Steht ihr euren Mann

Vor so viel Mut
Ziehen wir unseren Hut

Danke für eure Tapferkeit
Für Frieden und Freiheit

Zeiten des Fallens

Manchmal gibt es Zeiten
Da will man der Realität entfliehen
Sich irgendwie aus der Affäre ziehen
Andere Wege schreiten.
Aber die Realität holt einen ein
Und die Seele kann es kaum ertragen
Möchte das Grauen am liebsten verjagen
Und fällt doch ins Loch hinein
Der Fall ist grauenvoll zerstörerisch
Es scheint nicht aufzuhören
Die Töchter des Erlkönigs betören
Oh wie sind sie verführerisch
In diesen Stunden leiden
Seele, Geist und Herz
Es ist ein tiefer Schmerz
Er ist kaum zu vermeiden

Gott sein Dank
Kommen auch wieder andere Momente
und die positiven Lebenselemente
im Gesundungstrank

Der Putsch

Die Mitte mache einen Rutsch
Zum Regierungsputsch
Er geht vom Volk aus
Wir sagen aus die Maus
Den Artikel zwanzig Ansatz vier
Den verlangen wir
Wir lassen und nicht ins Desaster führen
Und mit der Angst verführen,
denn wir können selber denken
und unser Schicksal lenken
Wir brauchen keine Impfpflicht
Sondern ein unabhängiges Gericht
Dass die ehernen Werte
Mit dem humanen Schwerte
Endlich wieder einziehen lassen
Und das Unrecht verlassen
Mit Liebe und Wahrhaftigkeit
Die den Wahnsinn vertreibt
Und ein fantastisches Deutschland erschafft
Mit der liebenden Kraft

Auf zu den Herzenswaffen
Lasst es uns schaffen
Wir sind viele und werden immer mehr
Und sind revolutionär

Der Souverän ist der Gestalter
und Werteverwalter

Volksentscheid - Volksbegehren

Wir sind das Volk
Wir sind viele

Wir entscheiden unsere Zukunft
Wir entscheiden unsere Gegenwart
Wir begehren Freiheit
Wir begehren Freude
Wir setzen neue Standards
Wir setzen neue Perspektiven
Wir entwickeln die Visionen
Wir entwickeln die Ideen
Wir haben Empathie
Wir haben Liebe

Wir sind der Souverän
Wir sind mächtig

Elon Musk

A great inventor
With awesome ideas

He is smart and creative
he would be a kind like Tesla

Just he is not a genius
and never will be

Tesla was not longing for fame
Nor longing for money
Tesla just loved to invent
He loved to be creative
Tesla was wealthier than Musk
Because he had passion and just the love to help
to create a better world

Elon is severely poor
He needs to conquer the space
Just with material utilities,

As he will never get out of his box and cage.
he will never travel through the galaxy.

Nicolai would be already on other planets

So Musk needs to show himself
Through his thousands of satellites
All those stars he will never reach

Just a pity that he destroys the beauty of the sky
I wonder in which spiritual and mental way he will
die,
If he does not wake up soon
And just humbly looks upon the moon

Durch Covid

Corona hat viele Toten zu registrieren
Die vielen tiefe Trauer produzieren,
die sicherlich alles versucht haben
mit allen erdenklichen Herzensgaben,
die alle Null und Nichtig waren
der Suizid hat seine Hochkonjunktur erfahren
So trauern wir um all unsere Verluste
Was wirklich echt nicht sein musste
Mögen alle Liebsten in Frieden sein
Erlöst von all ihrer Pein

Angela Merkel

In jungen Jahren sehr aktiv
Bei der freien deutschen Jugend
Der kommunistischen Partei folgend
Und absolut effektiv

Propaganda und Agitation
Ihr Steckenpferd in dieser Zeit
Klar es ist Vergangenheit
Nur leider weiter ihre Mission

Spaltung der Menschen ihr Ziel
Und beim Great Reset vom Schwab
Sitzt sie im Kommandostab
Dem alles oder nichts Spiel

Zumindest zeigt sie jetzt ihr wahres Gesicht
Und zerstört den Mittelstand
Mit der Pandemie als perfektem Vorwand
Führt sie viele hinters Licht

Eigentlich kann man sie nur bemitleiden
Denn wer zerstörend agiert
Hat im Leben nichts kapiert
Aber sie produziert leider unendliches Leiden

Drum muss sie sich was anderes suchen
Um nicht noch mehr Schaden
Auf sich und andere zu laden
Da wir viel zu viele Tote schon verbuchen

Wer zu lang die Macht hat
Und sie nicht zum Guten nutzt
Und sein eigenes Land verschmutzt
Begeht ein Attentat

Der Gerichtshof in Den Haag
Vor dem sie sich bald verantworten muss
Denn zeitnah ist mit dem Ganzen Schluss
Es kommt der Jüngste Tag

Möge das Universum ihr gnädig sein
Und ihr alles Getane zurückgeben
Aber wir, in der Liebe, vergeben
Denn es ist ihr Karma und ihr Sein

Das Gute wird immer obsiegen
Und der Bumerang kommt zurück
Für alle Deutschen ein großes Glück
Die Strafe dafür wird sie kriegen

Brücken bauen

Brücken bauen heißt es jetzt
Wir sind alle sehr vernetzt
Und auch wenn einer verletzt
Dann sollten wir vergeben
Und gemeinsam streben
Für ein positives Leben
Es macht keinen Sinn
Und ist auch kein Gewinn
Dieser Spaltungswahnsinn
Miteinander kommunizieren
Miteinander debattieren
Miteinander prosperieren

Brücken bauen ist das Ziel
im kleinen Zusammenspiel
Und das im großen Stiel
Denn eine schöne Zukunft
Mit Bedacht und Vernunft
Braucht offene Auskunft
Wie auch immer wir es sehen
Was auch immer wir verstehen
Wohin wir alle gehen
Liegt an uns und ganz allein
Denn wer will schon Pein
In seinem Sein
Gemeinsam Lösungen finden
Gemeinsam Friedensblumen binden
Gemeinsam der Angst entwinden

Der Spiegel
(Ein deutsches Wochenmagazin)

„Spieglein Spieglein an der Wand
Wer sind die Besten in unserem Land"

„Steffen Klusmann ist hier ihr Chefredakteur
und für die Regierung der Akteur,
doch Anselm Lenz und Boris Reitschuster
beide mit dem richtigen Prüfmuster.
Sie sind tausend Mal ehrlicher als ihr
sie kennen nur Wahrheit und keine Gier
Wirkliches Hinterfragen ist ihr Bestreben
und aus Fakten einen informativen Text weben"

Als vierte Säule muss man hinterfragen
und immer das Herausgefundene sagen,
denn Journalisten müssen integer schreiben
und den Spiegel sauber reiben

Markus Söder

Bayern ist geschlagen
mit einem Ministerpräsident
Aber bitte nicht verzagen
Bald wird alles sehr transparent

Die Vorhänge sind am Fallen
Und Mephisto zeigt sein Gesicht
Vielen ist's schon aufgefallen
„Markus, ein Zurück gibt es nicht"

Du folgst der Great Reset Agenda
Du bist für einige noch ein Blender
Aber nicht mehr lange
Du giftige Schlange

Der Sumpf im dem du dich alst
Ist bald trockengelegt
Und du zahlst
Hättest du mal vorher überlegt

Klar war deine Kindheit grauenvoll
Doch hatten dies andere auch
Wahrscheinlich hegst du immer noch Groll
Und riechst den eigenen Gifthauch

Mögest du noch bald für dich erkennen
Du wirst dich richtig verbrennen
Auf dem Scheiterhaufen der Wahrhaftigkeit
Ich höre schon wie die Seele schreit

Wir geben dir die Maske zurück
und wünschen dir Glück

Richten wird dich DEIN Leben
und ahnden DEIN Streben

Du bist dir dein eigener Seelenlenker
und letztlich dein eigener Henker

Verflogene Dichtkunst

Wie gerne würde ich die Schönheit besingen
Wie gerne würde ich Freudenslieder anklingen
Wie gerne würde ich das Lebendige zeigen
Wie gerne würde ich Glücksmelodien geigen

Meine Feder kann und muss jetzt leider schreiben
Was so manche Kreaturen mit Menschen treiben

Jetzt muss ich viele erreichen
Jetzt muss ich Verstand und Herz erreichen
Jetzt muss ich wach rütteln
Jetzt muss ich den Baum der Liebe schütteln

Straßen der Taten zu beschreiten
Das Ross der Ideale zu reiten
Ist jetzt des Dichters Begehr
Fällt ihr auch gar nicht schwer

Deutsche Prozesse in Karlsruhe

Viele deutsche Politiker sind verschlagen
Diese werden wir bald anklagen
Wir werden sie verorten
und sie werden sich verantworten

Ein Mensch der gegen andere handelt
sich zum Misanthropen verwandelt
und nicht versteht dem Volk zu dienen,
der muss hinter schwedische Gardinen

Lobbyismus und Schachereien,
die zum Himmel schreien
Müssen gesühnt werden
bereits hier auf Erden

Was nach dem Leben auf sie prasselt
Sie haben es halt wirklich vermasselt
Steht hier nicht zur Diskussion
und auch in keiner Relation

Leichen im Keller zu haben
und sich daran zu laben
ist grausam und verwerflich zugleich
So sagt es uns das Himmelreich

Der Great Reset auch so eine Sache
Ernsthaft, dass ich nicht lache!
Verblendeter Transhumanismus in Reinnatur
vom wahren-wirklichen Leben keine Spur

Da treffen sich ein paar Gestalten
und meinen die Welt zu verwalten
Ohne dem Souverän eine Stimme zu geben
und Basisdemokratie oder Los zu leben.

Biologischer Anbau kam durch den kleinen Mann
der nämlich sein Herz und Hirn einschalten kann
Klimaschutz für 0.04 % CO_2
Ist ja völlig hirnloser Schwachsinns-Brei

Fahrt euch nur selbst gegen die Wand
Das Schwert der Zerstörung in der Hand
Wir bleiben in der Liebe und dem Kreativen
Mit ehernen und achtsamen Motiven

Ihr tut uns wirklich leid
Es ruft die Gerechtigkeit
Sie ist euer Schaden nicht
Nur halt das universale Gericht

Dann könnt ihr Bäume pflanzen
und für inneren Frieden tanze

An die Polizei

Warum seid ihr zur Polizei gegangen
und habt mit diesem Beruf angefangen?

Ihr wolltet doch Freund und Helfer sein
und aufheben Gewalt und jegliche Pein?

Ihr wolltet doch Verbrecher jagen
und euer Leben für's Gute wagen!

Ihr wolltet die Welt besser machen
und auflösen alle kriminellen Sachen!

Ihr wolltet Demonstrationen schützen
und uns dem Souverän damit nützen!

Was ist denn plötzlich in euch gefahren
und wo seht ihr denn eure Gefahren?

Wieso geht ihr gegen Demos so grausam vor
und seid der Regierung ihr Katalysator?

Wer gibt euch solche destruktiven Befehle
und geht den Demonstranten an die Kehle?

Der Polizist ist es per se nicht,
aber hat er als Mensch Gewicht?

Hinterfragen heißt hier die Devise.
Ist es wirklich nur die Coronakrise?

Nein hier wird Spaltung betrieben
weil wir alle Menschen sind, die lieben.

Nein hier werdet ihr instrumentalisiert
und durch die Machthaber polarisiert!

Nein hier werden falsche Bilder geschaffen
und deswegen erhebt ihr eure Waffen.

Wacht auf und schaut mit Verstand
und tragt die Gerechtigkeit in der Hand.

Wacht auf und blickt hinter die Kulissen
und sucht nach dem wirklichen Wissen.

Wir sind alle in einem Boot - gemeinsam
und leben ehrenwert, aufrichtig und achtsam.

Wir sind alle Lebewesen hier
und kämpfen gegen die Gier.

Wir sind alle auf der gleichen Seite
und als Gesellschaft fast pleite.

Bitte betrachtet unsere Zeit kritisch
und bringt die Fakten auf den Tisch.

Jeder einzelne ist ein Held
und gestaltet seine Welt.

Diese soll friedlich sein und ohne Gewalt
und in der basisdemokratischen Gestalt.

Hört in euch hinein und denkt
und wohin das Land sich lenkt.

Wir wollen ein freies Deutschland haben
und uns alle glücklich daran laben.

Kunst und Kultur hat GEWICHT

KÜNSTLER UND DER LOCKDOWN

Kunst und Kultur
Ist eine wichtige Kur
Denn sie gibt den Sinnen
Ein tiefes Gewinnen

Drum lasst uns singen
Mit der Freude schwingen
Und die Brauchtümer zeigen
Im Reden und im Schweigen

Der Corona Ausschuss

Endlich ein paar Wahrheitssucher
Viviane Fischer und Reiner Füllmich
Martin Schwab und Wolfgang Wodarg
Und viele grandiosen anderen Besucher

Sie alle schauen hinter die Kulissen
und das seit Anfang an in der Coronazeit
Denn hinterfragen ist absolut wichtig
Sie setzen die wahrhaftigen Prämissen

Eine fantastische Arbeit von ein paar
In vielen Sitzungen Information sammeln
Sie durchleuchten und Meinungen bilden
Gänzlich offen und unwahrscheinlich klar

Woche für Woche unterschiedliche Bereiche
Sie decken Unglaubliches auf
Was für jeden normal Denkenden ein Irrsinn
Hier und da auch mal ne Leiche

Einfach grandios muss man sagen
Recherche vom Allerfeinsten
Ohne vorher eine Meinung zu haben
Es sind eindeutig die richtigen Fragen

Zukünftige Gesellschaft

Ich möchte eine Welt
Wo die Menschen selbst denken

Ich möchte eine Welt
In der Propaganda verdunstet

Ich möchte eine Welt
Die mutig und kreative ist

Ich möchte eine Welt
Die achtsam mit allem umgeht

Ich möchte eine Welt
Wie Garten Eden in Realität

Ich möchte eine Welt
In der jeder selbstbestimmt entscheidet

Ich möchte eine Welt
Wo die ersten 20 Grundgesetze immer gelten

Ich möchte eine Welt
Die das Geld nur als Tauschmittel ansieht

Ich möchte eine Welt
Mit vielen bunten Kulturen

Ich möchte eine Welt
In der die Freiheit das höchste Gut ist

Ich möchte eine Welt
Wo die Natur und ihre Bewohner geachtet werden

Ich möchte eine Welt
In der jeder Einzelne mitgestaltet

Ich möchte eine Welt
In der wir alle Freude haben zu leben

Ich möchte eine Welt
Mit vielen unterschiedlichen Sprachen

Ich möchte eine Welt
Wo jeder was zu essen hat und Bildung

Ich möchte eine Welt
Der Vielfalt und Verständnis herrscht.

Wir alle möchten eine wundervolle Welt
Unter unserem Himmelszelt

Bill closing the Gates to God (universe)

"People speak sometimes about the "bestial" cruelty of man, but that is terribly unjust and offensive to beasts, no animal could ever be so cruel as a man, so artfully, so artistically cruel." Fyodor Dostoyevsky

You are worse than Hitler
You want to kill billions of people
May God be graceful to you

We regret and forgive

You are worse than Stalin
You want to kill billions of humans
May the universe forgive you

We hope you will find love

You are worse than Mao
You want to kill billions of life's
May you realize your cruelty

We send enlightening thoughts

You are unhuman and we forgive you
As we are humans and love

People like you will never succeed
As humanity will always win

With all your money

You are the poorest creature

Pity we got for you
AND MUCH MORE!!!

We end with the words of God, Allah, Buddha, Ganesh, Manitou, and all the wonderful loving souls

Be kind and compassionate to one another, forgiving each other. For if you forgive other people when they sin against you, your heavenly Father/universe will also forgive you. Bear with each other and forgive one another if any of you has a grievance against someone. Always forgive your enemies – nothing annoys them so much. To forgive is the highest, most beautiful form of love. In return, you will receive untold peace and happiness. Let us forgive each other – only then will we live in peace.

Kind SEIN

Die Vereinten Nationen
betonen,
dass die Kinderrechte weltweit
als Akt der Menschlichkeit
gewährleistet werden müssen
und dies angemessen

Artikel 2 Achtung der Kindesrechte;
Diskriminierungsverbot
Hier ist Meinungsfreiheit Gebot
Jeder hat sein inneres Gericht
Ob sich testen oder nicht

Artikel 12 Berücksichtigung des Kindeswillens
eines glücklichen Lebens
sich frei zu äußern und gehört zu werden
hier auf Erden

Artikel 16 Schutz der Privatsphäre und Ehre
Wie schön das wäre!
Keine willkürlichen und rechtswidrigen Eingriffe
und staatlichen Übergriffe

Artikel 18 Verantwortung für das Kindeswohl
Jawohl!!!
das Wohl des Kindes das Grundanliegen
und kein sich Verbiegen

Jetzt bin ich selbst mal Kind und sage:

Ich möchte Kind sein
In mir den Sonnenschein

Ich möchte Unfug machen
Und miteinander lachen

Ich möchte Schabernack treiben
Und mich mit anderen reiben

Ich möchte Fußball spielen
Zusammen sein mit vielen

Ich möchte in die Schule gehen
Und mit eigenen Augen sehen

Ich möchte Freude haben
Und tausend neue Vorhaben

Ich möchte Abendteuer erleben
Neues erfahren und streben

Ich möchte meine Unschuld behalten
Meine Freiheit zurückerhalten

Inhaltsverzeichnis

Zeitfracht Medien GmbH
Ferdinand-Jühlke-Straße 7
99095 Erfurt, Deutschland
produktsicherheit@kolibri360.de